Katja Lehmann-Teichmann

Personal II. Lernzusammenfassung

GRIN Verlag

Bibliografische Information der Deutschen Nationalbibliothek:

Die Deutsche Bibliothek verzeichnet diese Publikation in der Deutschen National-bibliografie; detaillierte bibliografische Daten sind im Internet über http://dnb.d-nb.de/ abrufbar.

Impressum:

Copyright © 2011 GRIN Verlag GmbH
Druck und Bindung: Books on Demand GmbH, Norderstedt Germany
ISBN: 978-3-656-71935-9

Dieses Buch bei GRIN:

http://www.grin.com/de/e-book/278274/personal-ii-lernzusammenfassung

GRIN - Your knowledge has value

Der GRIN Verlag publiziert seit 1998 wissenschaftliche Arbeiten von Studenten, Hochschullehrern und anderen Akademikern als eBook und gedrucktes Buch. Die Verlagswebsite www.grin.com ist die ideale Plattform zur Veröffentlichung von Hausarbeiten, Abschlussarbeiten, wissenschaftlichen Aufsätzen, Dissertationen und Fachbüchern.

Besuchen Sie uns im Internet:

http://www.grin.com/

http://www.facebook.com/grincom

http://www.twitter.com/grin_com

Prüfungsvorbereitung Personal II

Scientific Management

Ziel ist die Steigerung der Produktivität menschlicher Arbeit. Dies geschieht durch die *Teilung der Arbeit* in kleinste Einheiten, zu deren Bewältigung keine oder nur geringe Denkvorgänge zu leisten und die aufgrund des geringen Umfangs bzw. Arbeitsinhalts schnell und repetitiv zu wiederholen sind. Grundlage der Aufteilung der Arbeit in diese kleinsten Einheiten sind Zeit- und Bewegungsstudien. Funktionsmeister übernehmen die disponierende Einteilung und Koordination der Arbeiten. Der Mensch wird lediglich als Produktionsfaktor gesehen, den es optimal zu nutzen gilt. Taylor ging davon aus, dass eine geregelte Tätigkeit den Menschen zufrieden stellt. Zur Arbeitsmotivation dienen zusätzlich v.a. *monetäre Anreize:* Ein spezielles Lohnsystem (Leistungslohn) soll zur Steigerung der subjektiven Arbeitsleistung führen.

Homo oeconomicus

Modellvorstellung der Wirtschaftstheorie eines idealen, ausschließlich nach wirtschaftlichen Gesichtspunkten denkenden und handelnden Menschen. Der Homo oeconomicus kennt nur ökonomische Ziele und ist besonders durch Eigenschaften wie rationales Verhalten, das Streben nach größtmöglichem Nutzen (Nutzenmaximierung), die vollständige Kenntnis seiner wirtschaftlichen Entscheidungsmöglichkeiten und deren Folgen sowie die vollkommene Information über alle Märkte und Eigenschaften sämtlicher Güter (vollständige Markttransparenz) charakterisiert. Das Ideal des Homo oeconomicus dient dazu, elementare wirtschaftliche Zusammenhänge in der Theorie durchsichtig und ohne praktische Unzulänglichkeiten beschreiben zu können.

Human Relations Bewegung

Die Hawthorne-Experimente haben zufällig zur Entdeckung der Bedeutung „menschlicher Beziehungen" in der Arbeit geführt und waren damit sicherlich einer der Auslöser der Human-Relations Bewegung. Vor allem in der taylorisierten Arbeit sah man eine der Hauptursachen einer um sich greifenden Arbeitsunlust. Sowohl die Taylorisierung wie auch die Fordisierung hatten nicht zu der erhofften, dauerhaften Disziplinierung der Arbeiter geführt. Die Human-Relations Bewegung löste die Taylorismus-/Fordismus-Bewegung nicht ab, sondern erweiterte lediglich das Methodenarsenal der Rationalisierungsbewegung. Die tayloristische Arbeitsgestaltung wurde nicht in Frage gestellt, lediglich der Umgang mit den Arbeitern wurde revidiert. Vom Manager wurde eine andere Art der Menschenführung gefordert = Ursprung der modernen Personalwirtschaftslehre.

Funktionen der Personalwirtschaft - Hauptaufgaben

1. Personalbedarfsplanung wird definiert als "Maßnahmen zur Ermittlung des derzeitigen und zukünftigen quantitativen und qualitativen Bedarfs an Führungskräften und Mitarbeitern eines Unternehmens."

2. Die Personalbeschaffung ist Teil der Personalwirtschaft und befasst sich mit der Deckung eines zuvor definierten Personalbedarfs. Ihre grundsätzliche Aufgabe besteht darin, das Unternehmen bedarfsgerecht und kostengünstig mit potenziellen Arbeitskräften zu versorgen.

3. Personaleinsatzplanung (PEP) = die rationelle Zuordnung der verschiedenen Mitarbeiter zu den Positionen (passend zu ihrem Fähigkeitsprofil und dem Anforderungsprofil der Stelle) sowie die anderweitige Einsetzung von freien oder freigewordenen Kapazitäten, die Beförderung von qualifizierten Mitarbeitern und Umstrukturierungen von Abteilungen. Aufgabe der Planung des Personaleinsatzes ist die Verteilung der gegenwärtigen Mitarbeiter auf die verschiedenen Arbeitsplätze unter Berücksichtigung der quantitativen, zeitlichen und örtlichen Erfordernisse des Betriebes und der Interessen und Neigungen der Mitarbeiter.

4. Personalentwicklung (PE) umfasst alle Maßnahmen der Bildung, der Förderung und der Organisationsentwicklung, die von einer Organisation oder Person zielorientiert geplant, realisiert und evaluiert werden. PE ist ein Teilgebiet der Personalwirtschaft innerhalb der Betriebswirtschaft, der Organisationssoziologie, der Erwachsenenbildung (Andragogik) innerhalb der Pädagogik sowie der Personalpsychologie[2] mit dem Ziel, Menschen, Teams und Organisationen dazu zu befähigen, ihre Aufgaben in betrieblichen Arbeitssystemen erfolgreich und effizient zu bewältigen und sich neuen Herausforderungen selbstbewusst und motiviert zu stellen. Sie umfasst die gezielte Förderung von Humankapital, um die Unternehmensziele unter Berücksichtigung der Bedürfnisse und Qualifikation des Mitarbeiters oder einer Gruppe von Mitarbeitern optimal zu erreichen.

5. Die Personalfreisetzung umfasst alle "Aktivitäten, die auf die Vermeidung bzw. den Abbau von Überkapazitäten an Führungskräften bzw. Mitarbeitern abzielen.

6. Personalführung ist die zielorientierte Einbindung der Mitarbeiter und Führungskräfte in die Aufgaben des Unternehmens. Sie ist ein Teil der Unternehmensführung. Dazu gehören Unternehmenskultur, Führungsstil und Managementmodelle, Führung und Motivation, Führungsinstrumente, Individualführung und Teamführung, Vorschlagswesen und Ideenmanagement, Gehaltsstruktur und Anreizsysteme und Führungsspanne. Mit der Personalführung beschäftigt sich die Führungspsychologie.

7. Die Personalentlohnung ist eine der Grundfunktionen des Personalwesens, die sich mit der Bereitstellung geldlicher Leistungen des Unternehmens an seine Arbeitnehmer in Form des Arbeitsentgelts auseinandersetzt. Der Personalentlohnung wird daher auch der Begriff der Abwicklungsfunktion zugeordnet, beispielsweise hinsichtlich der Lohn- und Gehaltsabrechnung. Als Instrument im betrieblichen Anreizsystem nimmt die Personalentlohnung eine zentrale Rolle ein.

8. Personalbeurteilung = Erfassung von Leistung, Verhalten und Potenziale der Mitarbeiter → Basis für leistungsgerechte Entlohnung - optimaler Personaleinsatz, leistungsbezogene Entlohnung und Personalentwicklungsmaßnahmen

9. Personalverwaltung = Sammelbegriff für administrative und routinemäßige Aufgaben; Datenerfassung und Datenverwaltung; Ausgabe der Informationen mit Hilfe der EDV.

Träger der Personalwirtschaft

a. Geschäftsleitung   → Zielsetzung
b. Vorgesetzte   → Durchführung
c. Personalabteilung → Planung
d. Betriebsrat   → Mitbestimmung

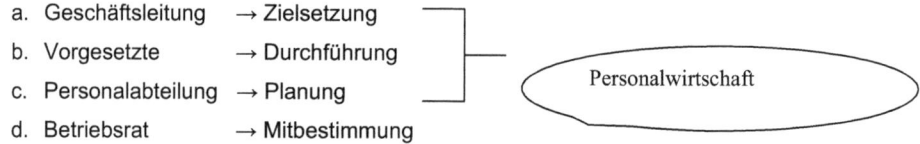

Personalwirtschaft

Zielbeziehungen

1. komplementäre Ziele = wenn Erhöhung des Zielerreichungsgrades eines Ziels gleichzeitig zur Erhöhung des Zielerreichungsgrades eines anderen Ziels führt
   → Basis-Komplementarität der wirtschaftlichen und sozialen Ziele des PW
2. indifferente Ziele = Erfüllung der Zielsetzung 1 hat keinen Einfluss auf die Zielsetzung 2; z.B. ein besserer Führungsstil hat keinen direkten Einfluss auf die wirtschaftlichen Ziele
3. konkurrierende Ziele lassen sich nicht gleichzeitig verfolgen. Kommt man dem einen näher, entfernt man sich automatisch von dem anderen.

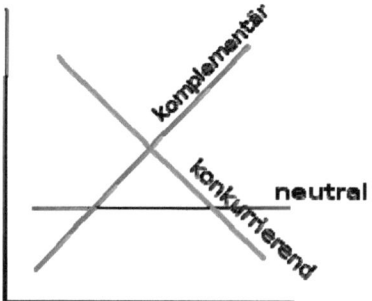

Phasen eines personalwirtschaftlichen Entscheidungsprozesses

<u>Zielvorgabe</u>

1. ANREGUNGSPHASE

- Problem erkennen
- Feststellen der Ist-Lage und Umweltbedingungen
- Ursachenanalyse, Klärung der Fragen und Absichten

2. SUCHPHASE

- Bestimmung konkreter Ziele / Kriterien
- Suchen und Ausarbeiten von Alternativen
- Ermittlung / Beurteilung von Alternativen im Hinblick auf
  Entscheidungskriterien

3. ENTSCHEIDUNGSPHASE

- Beurteilen der Lösungsmöglichkeiten
- Rangordnung der Lösungen und Wahl der günstigsten Lösung

4. REAUSIERUNGSPHASE

- Vorgabe der Soll-Werte
- Umsetzen in Maßnahmen und Handlungsvorschriften
- Koordinieren, strukturieren, führen
- Gestaltung, Implementierung

5. KONTROLLPHASE

- Ausführungskontrolle
- Ermittlung und Analyse der Ergebnisse

Ist es in Zeiten der Globalisierung realistisch das Handeln von Führungskräften an ethischen Kriterien zu messen?

Ja unbedingt! Ohne ethische Prinzipien, ohne Grundsätze der Humanität und Gerechtigkeit kann man die großen Aufgaben unserer Zeit nicht zufriedenstellend lösen, z.B. bei Fragen des Umweltschutzes oder bei der Neuordnung der Weltwirtschaftsordnung. Das Handeln einzelner Wirtschaftssubjekte wird an ethischen Kriterien wie Gerechtigkeit und sozialer Verantwortung gemessen. Als Zielvoraussetzung wird die Formulierung einer Unternehmensphilosophie und Unternehmenspolitik, zu der auch Personalpolitik zählt, angesehen.

Grundlegende Wertdimensionen (nach Hofstede), die das kulturelle Entscheidungsbild einer Unternehmung charaktisieren

Machtdistanz *(Power Distance Index - PDI)* - gibt an, inwieweit weniger mächtige Individuen eine ungleiche Verteilung von Macht akzeptieren und erwarten. Hohe Machtdistanz steht dafür, dass Macht sehr ungleich verteilt ist, geringe Machtdistanz steht dafür, dass Macht gleichmäßiger verteilt ist.

Individualismus und Kollektivismus (IDV)- in Gesellschaften mit einem hohen IDV-Index werden besonders die Rechte des Individuums geschützt: Selbstbestimmung, Ich-Erfahrung und Eigenverantwortung sind wichtig. In einer kollektivistischen Kultur mit niedrigem IDV-Index dominiert dagegen die Integration in jeder Art von Netzwerken. Das Wir-Gefühl ist viel charakteristischer für eine solche Kultur.

Masculinity versus Femininity (MAS) - Ausprägung der vorherrschenden Werte die bei beiden Geschlechtern etabliert sind. Als feminine Werte zählt Hofstede Fürsorglichkeit, Kooperation und Bescheidenheit auf. Maskuline Werte seien hingegen Konkurrenzbereitschaft und Selbstbewusstsein. Ein hoher MAS-Index weist auf eine Dominanz „typisch männlicher" Werte, ein niedriger MAS-Index auf eine Dominanz „typisch weiblicher" Werte.

Unsicherheitsvermeidung *(Uncertainty Avoidance Index - UAI)* **-** Wie hoch ist die Bereitschaft, Risiken einzugehen und ohne direkte Sicherheit zu leben? Kulturen mit einem hohen UAI-Index, die Unsicherheit vermeiden wollen, zeichnen sich durch viele festgeschriebene Gesetze, Richtlinien, Sicherheitsmaßnahmen aus. Die Mitglieder sind emotionaler und von einer inneren nervösen Energie getrieben. Kulturen, die Unsicherheit akzeptieren sind tolerant, haben wenige Regeln, die im Zweifelsfall auch veränderbar sind, und sind Relativisten. Die Mitglieder sind phlegmatisch und erwarten von ihrer Umwelt nicht, dass sie Gefühle zeigt.

Lang- oder kurzfristige Ausrichtung *(Long-Term Orientation - LTO)* **-** Dieser Index, der von Hofstede erst spät eingeführt wurde, gibt an, wie groß der zeitliche Planungshorizont in einer Gesellschaft ist.

Relation zwischen Ethik und Moral

Ethik: Methodische, fundierte, prinziporientierte Morallehre

Moral: Faktisch vorherrschendes Werte- und Normensystem, das von einer Gesellschaft gemeinsam geteilt wird

Sittlichkeit: Ethisches Denken und Handeln, das sich am Gewissen einer Person orientiert

Spartenorganisation und Matrixorganisation – Vorteile, Nachteile

1. Spartenorganisation = Großunternehmen werden nach der Organisation der Spartenorganisation aufgebaut, die verschiedenen Unternehmens- und Geschäftsbereiche können eigenständige Personalabteilungen besitzen → das komplexe System wird in Teilprozesse aufgespaltet

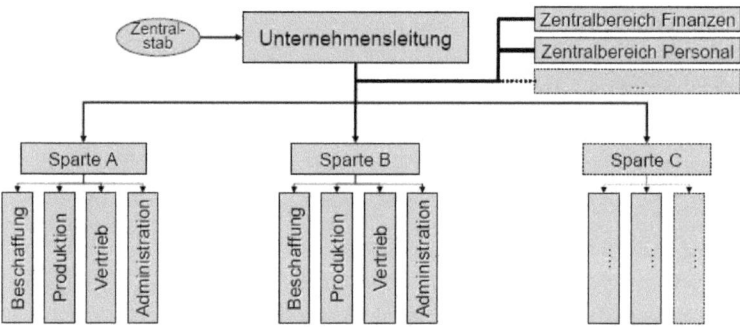

<u>Vorteil:</u> an spezielle Anforderungen jeder Sparte ausgerichtete Personalöpolitik kann verwirklicht werden. Kleinere Teilbereiche ermöglichen einen besseren Kontakt zu den Mitarbeitern

<u>Nachteil:</u> aufwendige Kontrolle des Personalwesens

2. Matrixorganisation = Gliederungspunkte werden zweidimensional verknüpft – das Liniensystem wird verlassen

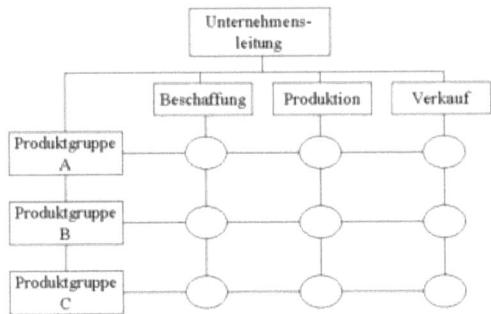

Vorteil: jede Personalabteilung erledigt die in der Sparte anfallenden Arbeiten und liefert gleichzeitig Spezialisten

Nachteil: Konflikte in der Frage der Kompetenzabgrenzung (Entscheidung und Verantwortung)

3 „Rechtsnormähnliche" Gestaltungsmittel des Arbeitsverhältnisses (nicht allgemein verbindliche Rechtsnormen)

1. BETRIEBLICHE ÜBUNG – wenn der Arbeitgeber über einen längeren Zeitraum - ohne Vereinbarung – handelt, kann der Arbeitnehmer davon ausgehen, dass das auch in Zukunft so ist, z.B. Weihnachtsgeld, 13. Monatsgehalt

2. DIREKTIONSRECHT DES ARBEITGEBERS – Recht des Arbeitgebers zur Bestimmung von Art, Zeit und Ort sowie Verhaltensregeln, z.B. Schutzkleidung

3. GLEICHBEHANDLUNGSGRUNDGESETZ – verpflichtet den Arbeitgeber dazu alle Mitarbeiter gleich zu behandeln, wenn keine sachlichen Gründen dagegen sprechen

Haftung des Arbeitnehmers

Jeder ist für sein Verhalten verantwortlich. Dieser Grundsatz gilt auch im Arbeitsverhältnis, dem Rechtsverhältnis zwischen Arbeitnehmer und Arbeitgeber. In Deutschland hat nach § 276 Abs. 1 Satz 1 BGB der Schuldner grundsätzlich Vorsatz und jede Form von Fahrlässigkeit zu vertreten. Es sei denn, es ist eine mildere Haftung bestimmt oder aus dem sonstigen Inhalt des Schuldverhältnisses zu entnehmen. Es kann auch dem sorgfältigsten Arbeitnehmer gelegentlich ein Fehler unterlaufen, der für sich allein betrachtet zwar vermeidbar gewesen wäre, aber in Anbetracht der menschlichen Unzulänglichkeit kann mit einem „typischen Abirren" im Arbeitsleben bei jedem Arbeitnehmer irgendwann einmal zu rechnen sein.der innerbetriebliche Schadensausgleich bestimmt den Umfang der Arbeitnehmerhaftung. Die Haftung des Arbeitnehmers wird je nach Grad des Verschuldens eingeschränkt.

Die „leichte" (einfache) Fahrlässigkeit ist für den Arbeitnehmer die mildeste Stufe für ein unerhebliches, vernachlässigendes Verschulden.

Bei **normaler (= mittlerer) Fahrlässigkeit** wird eine vollständige Haftungsfreistellung abgelehnt. Die Aufteilung richtet sich nach Billigkeits- und Zumutbarkeitsgesichtspunkten. Der Schaden wird sich daher nicht immer hälftig teilen lassen.

Jemand handelt **grob fahrlässig**, wenn er die im Verkehr erforderliche Sorgfalt nach den gesamten Umständen in ungewöhnlich hohem Maße verletzt und unbeachtet lässt, was in dem gegebenen Fall jedem hätte einleuchten müssen. Dabei ist zu berücksichtigen, was der Schädigende nach seinen individuellen Fähigkeiten erkennen und erbringen konnte (vgl. BAG 8 AZR 221/97 vom 12. November 1998, - AP Nr. 117 § 611 BGB- Haftung des Arbeitnehmers).Hierbei haftet der Arbeitnehmer in aller Regel für den gesamten Schaden.

Betriebsrat – Aufgaben und Rechte

Nach den Regelungen des Betriebsverfassungsgesetzes (BetrVG) haben in Deutschland Arbeitnehmer eines privaten Betriebs mit mindestens fünf Beschäftigten grundsätzlich das Recht, einen Betriebsrat zu wählen. Der Betriebsrat hat allgemein die Aufgabe, die Interessen der Beschäftigten gegenüber dem Arbeitgeber zu vertreten und bei verschiedenen Betriebsentscheidungen mitzuwirken und mitzubestimmen.

1. Aufgaben des Betriebsrats

• überwachen, dass im Betrieb geltende Gesetze, Verordnungen, Unfallverhütungsvorschriften, Tarifverträge und Betriebsvereinbarungen eingehalten werden,
• beim Arbeitgeber Maßnahmen zum Wohl der Belegschaft zu beantragen (v. a. bezüglich Gleichstellung und Vereinbarkeit von Familie und Beruf),
• sich den Anregungen von Beschäftigten anzunehmen, mit dem Arbeitgeber darüber zu verhandeln und die Betreffenden über die Ergebnisse zu informieren,
• die Wahl einer Jugend- und Auszubildendenvertretung durchzuführen und mit ihr zusammenzuarbeiten,
• die allgemeine Beschäftigung im Betrieb zu fördern (v. a. auch von älteren Arbeitnehmern),
• an Maßnahmen zur Integration von schwer behinderten, schutzbedürftigen und ausländischen Personen mitzuwirken,
• sowie Maßnahmen zum Arbeits- und betrieblichen Umweltschutz zu fördern.

2. Rechte des Betriebsrats

Mitwirkungs- und Mitbestimmungsrechte:

Nach § 87 BetrVG hat der Betriebsrat bei folgenden Angelegenheiten ein echtes Mitbestimmungsrecht, d.h. entsprechende Maßnahmen sind ohne die Zustimmung des Betriebsrats rechtlich unwirksam, wenn per Gesetz oder Tarifvertrag nichts anderes festgelegt ist:

• Regelungen zur Betriebsordnung und zum Verhalten von Arbeitnehmern,
• Arbeitszeiten-, Pausen- und Urlaubsregelungen,

11

- Auszahlung der Arbeitsentgelte
- Einführung von technischen Einrichtung, mit denen das Verhalten bzw. die Leistung von Arbeitnehmern überwacht werden soll,
- Regelungen zur Verhütung von Arbeitsunfällen und Berufskrankheiten,
- Sozialeinrichtungen (z. B. Kantinen) und Wohnräume von Arbeitnehmern, die dem Betrieb angehören,
- Gestaltung von Löhnen und leistungsbezogenen Entgelten (z. B. Akkord- und Prämiensätze),
- Regelungen zum Vorschlagswesen,
- Regelungen zur Gruppenarbeit,
- sowie Durchführung betrieblicher Bildungsmaßnahmen (§§ 97-98 BetrVG).

Aufbau der Arbeitsgerichtsbarkeit:

1. Instanz

Arbeitsgericht (kein Anwaltszwang)

Berufung und Beschwerde

2. Instanz

Landesarbeitsgericht (Anwaltszwang, d.h. Anwalt oder rechtskundiger Gewerkschaftsvertreter)

Revision und Rechtsbeschwerde

3. Instanz

Bundesarbeitsgericht (Anwaltszwang)

College-Recruiting auch in Deutschland?

Ich bin dafür! Grund: Das Unternehmen hat durch Kontaktpflege zu Professoren und Studenten frühzeitig die Möglichkeit, mittelfristig qualifizierte Fachkräfte für sich zu interessieren. Die Vergabe von praxisbezogenen Diplomarbeiten kann 2 Dinge erreichen – 1. die Klärung von Fragen, für die die Mitarbeiter keine Zeit haben und 2. kann ein Diplomand sich entschließen eine Dauerstellung anzunehmen. Dazu kommt, dass man in dieser Zeit die Gelegenheit hat den potenziellen Arbeitnehmer auf seine fachliche und persönliche Eignung zu überprüfen.

Methoden zur Personalplanung

1. SCHÄTZUNGEN – am weitesten verbreitet (einfache Schätzung, Expertenbefragung, Expertenbefragung nach Delphi-Methode) – subjektiv ohne systematische Informationssammlung, viel Intuition und Erfahrung notwendig
2. STATISTISCHE VERFAHREN – Verfahren der globalen Bedarfsprognose; beschränkt für Mittel- und Großbetriebe mit kontinuierlicher Absatz- und Produktionsentwicklung; Prognosen beziehen sich auf Vergangenheitswerte
3. ORGANISATORISCHE VERFAHREN – Personalbedarf wird aufgrund von organisatorischen Gesichtspunkten festgelegt. Personalbedarf orientiert sich weitgehend unabhängig von anderen Einflussgrößen wie Arbeitsmenge, z.B. Stellenplanmethode
4. MONETÄRE VERFAHREN – ermitteln den Personalbedarf in 1. Linie abhängig vom Budget; Kosten-Budget-Planung = danach berechnet sich der Personalbedarf; Nachteil: hat nichts mit Leistungserstellung zu tun
5. PERSONALBEMESSUNGSMETHODEN – notwendiges Personal berechnet sich: Personalbedarf= <u>Arbeitsmenge x Zeitbedarf je Arbeitsvorgang</u>
   1. übliche Arbeitszeit pro Arbeitskraft

WF-Analyse: bis ins kleinste Detail geplant

MTM- Analyse: mit Qualität geplant

Zero-Base-Budgeting

auch **Nullbasisbudgetierung (Sonderform)** ist eine Analyse- und Planungsmethode, die beim Kostenmanagement innerhalb des Controlling eingesetzt wird. Die Idee dieser Methode besteht darin, das Budget nicht ausgehend vom aktuellen Budget einer Abteilung, sondern vom Grund auf neu zu planen (Planning from Base Zero). jede Abteilung muss verschiedene Maßnahmen für die kommende Periode definieren. Diese Maßnahmen können dabei unterschiedliche Alternativen aufweisen. (z.B. Marktstudie durchführen: Minimal-, Normal-, Speziallösung). Danach werden den Maßnahmen Prioritäten zugeordnet (Ranking). Das Gesamtbudget wird nun auf die wichtigsten Maßnahmen aufgeteilt, bis es verbraucht ist. Besonders wichtige Maßnahmen werden mit der Speziallösung ausgeführt, eher unwichtige Maßnahmen mit der Minimallösung.

Vorteile:

- Ressourcenallokation
- Kosteneinsparung
- fördert Kommunikation im Unternehmen

Nachteile

- hoher Zeit- bzw. Arbeitsaufwand
- subjektive Einschätzung der Rangfolge
- Wechselwirkungen zwischen den Einheiten werden nicht berücksichtigt

Vorteile/Nachteile interner und externer Personalbeschaffung

1. INTERNE PERSONALBESCHAFFUNG

a. Vorteile:

- Eröffnung von Aufstiegschancen (erhöht die Bindung an den Betrieb, verbessert das Klima)
- Geringe Beschaffungskosten und bereits vorhandene Betriebskenntnis
- Geringes Risiko, da MA bereits bekannt ist

- Einhaltung des betrieblichen Entgeltniveaus
- Schnelle Stellenbesetzung ist möglich
- Anfangsstellen für den Nachwuchs werden frei
- Transparente Personalpolitik

b. Nachteile:

- weniger Auswahlmöglichkeiten
- ggf. hohe Fortbildungskosten
- Spannungen, Enttäuschungen und Rivalität bei den Kollegen
- Nachlassende Kreativität bei Beförderungsautomatik

2. EXTERNE PERSONALBESCHAFFUNG

a. Vorteile:

- breite Auswahlmöglichkeit
- neue Impulse für den Betrieb
- der Externe wird leichter anerkannt
- Einstellung löst Personalbedarf direkt
- Evtl. Information über Konkurrenzverhalten

b. Nachteile

- höhere Beschaffungskosten
- hohe externe Einstellungsquote wirkt frustrierend
- negative Auswirkung auf das Betriebsklima
- höheres Risiko durch Probezeit
- keine Betriebskenntnisse (Einarbeitung kostet Zeit und Geld)

Accessment-Center-Technik

= differenziertestes, systematisches Verfahren , das zur qualifizierten Feststellung von Verhaltensleistungen bzw. Verhaltensdefiziten dient. – anspruchsvolles Gruppengespräch mit praktischen Übungen und spezifischen Situationen. ACT ist eine Arbeitsprobe des Bewerbers. Dauer 1-2 Tage; 6-12 Personen; ACT liefert die besten Prognosen. Weil es sehr teuer ist, wird es in der Regel nur bei Führungskräften angewandt.

MERKMALE:

1. Methodenvielfalt, z.B. psychologische Beobachtungen, Interviews, Tests
2. Mehrfachbeurteilung – jeder Teilnehmer wird durch möglichst viele Beobachter beurteilt
3. Verhaltensorientierung – keine Eigenschaften sondern Verhalten wird provoziert
4. Anforderungsbezogenheit (auf zu besetzende Stelle)
5. Trennung von Beobachtung und Bewertung (zeitlich getrennt)
6. Einsatz trainierter Beobachter und kompetenter Modertoren

Sind ACT noch zeitgemäß?

Aus meiner Sicht und Erfahrung mehr denn je! Soziale Kompetenz und emotionale Intelligenz werden im Berufsleben immer wichtiger. Teamarbeit, Dynamik, Eigeninitiative, Kommunikationsfähigkeit sind die Anforderungen, die zunehmend für jedes Unternehmen und deren Mitarbeiter an Bedeutung gewinnen. Es gibt kaum ein anderes Verfahren, das die Möglichkeit bietet, Bewerber über einen längeren Zeitraum intensiv zu beobachten.

Wechselseitige Anpassung von Stelle und Stelleninhaber

= menschengerechter Rahmen für Personaleinsatz erfordert Anpassung der Arbeitsaufgabe, Arbeitsmethode, Arbeitsplatz und Arbeitsumfeld an den Menschen, so dass der Arbeitseinsatz möglichst effizient ist, andererseits aber die Beeinträchtigung der Gesundheit auszuschließen ist. Ziel ist die vom Arbeitsprozess unabhängige und prozessorientierte Gestaltung der Arbeitsbedingungen; Verringerung der individuellen und kollektiven Arbeitsbelastung im entsprechenden Bereich. Übergeordnetes Ziel = bestmögliche Nutzung der menschlichen Leistung innerhalb der individuellen Grenzen.

Kriterien für menschengerechte Arbeitsgestaltung

1. Ausführbarkeit der Arbeit – Welche kurzzeitige Höchstbelastung kann ohne Gesundheitsschädigung erbracht werden?
2. Erträglichkeit der Arbeit - Welche langfristige Höchstbelastung kann ohne Gesundheitsschädigung erbracht werden?
3. Zumutbarkeit der Arbeit – Wie ist die subjektive Einschätzung der Arbeit durch den einzelnen Mitarbeiter?
4. Zufriedenheit durch die Arbeit – Wie ist die subjektive Einschätzung der Arbeit durch den einzelnen Mitarbeiter?

+ Arbeitsmotivation, durch Anpassung Arbeitsinhalte, Selbstverwirklichung u. soz. Kontakte

Erklären Sie mit beispielen den Unterschied zwischen „chronometrischen" und „chronologischen" Arbeitszeitmodellen!

Bei **chronometrischen Arbeitszeitmodellen** (sogenannte Zeitdauer-Modelle) findet eine
Entkoppelung der Arbeits- und Betriebszeit durch eine Veränderung des Volumens der
Arbeitszeit statt. Beispiele: Teilzeitarbeit, Altersteilzeit.
Die **chronologischen Arbeitszeitmodelle** (Zeitfolge-Modelle) entkoppeln Arbeits- und
Betriebszeit durch eine Veränderung der Verteilung und der Lage der individuellen Arbeitszeit.
Beispiele: Gleitende Arbeitszeit, Schichtmodelle, Mehrfachbesetzungssysteme,

Multiple Management: mehrgleisige Unternehmensführung zur Schulung von Führungsnachwuchskräften. Aus Angehörigen der unteren und mittleren Führungsschicht wird ein Quasi-Vorstand gebildet, dem in regelmäßigen Abständen reale Entscheidungsprobleme vom eigentlichen Vorstand zur Bearbeitung vorgelegt werden. Dem Quasi-Vorstand stehen alle Informationen zur Verfügung, aber letztendlich entscheidet der Vorstand über die Annahme oder Ablehnung der Vorschläge.

Gruppendynamische Methoden: sollen durch Selbsterfahrung im intrapersonellen Bereich sowie in interpersonellen Gruppenbeziehungen die Teamfähigkeit der Teilnehmer verbessern. Als Voraussetzung dazu gelten - eine schärfere Beobachtungsfähigkeit gegenüber informellen Prozessen, eine erhöhte Einsicht in die Determinanten des eigenen Verhaltens sowie mehr Einsicht in gruppendynamische Prozesse und in die sozialpsychologischen Bedingungsfaktoren der Arbeitsweisen von Teams. Unstrukturierte Situation – Frust – Kennenlernen der eigenen Wirkung auf andere.

Suggestopädie: ist eine Lehrmethode zur effektiven Vermittlung von Wissen mittels sog. Entspannungstechniken. Wesentlichstes Element dabei = suggestive Techniken wie beim autogenen oder mentalen Training. Suggestion wird eingesetzt, um durch Entspannung des gesamten Körpers das Gehirn in einen Zustand zu versetzen, in dem die Alpha-Wellen dominieren. Dabei ist das Gehirn besonders aktiv und aufnahmefähig, d.h. man kann Inhalte besser behalten.

Brain-Dominance-Konzept: beruht auf der Erkenntnis, dass jeder Mensch eine bevorzugte Art zu denken und zu handeln hat. Test 120 Fragen – in westl. Welt typischer Weise linke Seite bevorzugt. Gehirnkonzept eröffnet ganz neue Chancen, z.B. bei der Zusammensetzung von Gruppen für die Lösung von Teamarbeit. Aufgrund des Gehirnprofils können Neigungen, Fähigkeiten, Wünsche des Mitarbeiters erkannt und in die Maßnahmen zur Personalentwicklung einbezogen werden. Durch das Erkennen des eigenen Denkmodus und das Respektieren eines anderen lassen sich heterogene Gruppen zusammen stellen.

Transferlücke: entsteht, wenn es nicht gelingt, das Erlernte aus einer Übungssituation auf die konkrete Aufgabe am Arbeitsplatz zu übertragen. Häufig sind innere und äußere Hemmnisse der Grund dafür. Für den inneren Vollzug des

Lerntransfers beim Lernenden müssen Voraussetzungen wie - Motivation das Gelernte auch anzuwenden und ausreichende Kenntnisse, Haltung der Unternehmensleitung und der Vorgesetzten, Betriebsklima, Akzeptanz und Effizienz usw. – zu schaffen.

Unter der **ergonomischen Arbeitsplatzgestaltung** wird die komplexe Erforschung und die Gestaltung des Arbeitsplatzes unter Einbeziehung der gesamten Arbeitssituation mit dem Ziel der Optimierung der Beziehung von Mitarbeitern zum Arbeitsplatz, zum Arbeitsprozess und zu den Arbeitsbedingungen unter ökonomischen wie humanen Zielsetzungen verstanden. Dazu ist eine differenzierte Vorgehensweise notwendig: Bei der Gestaltung des Arbeitsplatzes sind dessen Abmessungen in Bezug zu menschlichen Körpermaßen und -formen zu setzen (**anthropometrische Arbeitsplatzgestaltung**). Des Weiteren ist die Abstimmung von Arbeitsmethoden (z. B. Körperhaltung) und -bedingungen (z. B. Beleuchtung, Lärm) mit der menschlichen Leistungsfähigkeit und Belastbarkeit notwendig (**physiologische Arbeitsplatzgestaltung**). Die Gestaltung einer für die Mitarbeiter angenehmen Umwelt durch Schaffung optischer und akustischer Annehmlichkeiten sowie durch die Verringerung von Monotonie zählt ebenfalls dazu (**psychologische Arbeitsplatzgestaltung**).

Halbwertzeit des Wissens = Gültigkeit

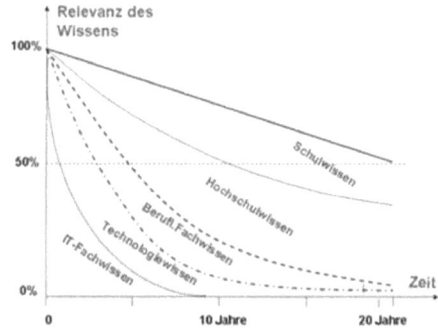

Karriereanker = individuenspezifische Orientierungsmuster innerhalb des Berufslebens, die einen deutlichen Bezug zur individuellen Motiv- bzw. Bedürfnisstruktur erkennen lassen.

Die einzelnen Karriereanker sind:

1. **Managementkompetenz** – äußert sich vorrangig in dem Wunsch Managementaufgaben zu übernehmen. Erforderlich hierfür sind interpersonelle Kompetenz, analytische Fähigkeiten und Übernahme von Verantwortung. Aufwärtsmobilität.
2. **Technisch-funktionale Kompetenz** – Herausforderung eine Spezialgebietes wird hoch geschätzt. Hierarchischer Aufstieg innerhalb des Gebietes scheint besonders erstrebenswert (nichts artfremdes)
3. **Autonomie** – möglichst frei von institutionellen Zwängen, MA suchen Arbeitsbereich, der größte Unabhängigkeit verspricht.
4. **Varietät** – deutlich auf berufliche Breite und Abwechslung ausgelegt. MA erwirbt nach und nach übergreifendes Know-how.
5. **Kreativität** – äußert sich in dem Wunsch Neuland zu betreten. Hinreichend großer Handlungsspielraum wird angestrebt um die Kreativität entfalten zu können.
6. **Sicherheit** – hohe Bedeutung von ausreichendem Einkommen und Altersvorsorge = stabile berufliche Entwicklung hat allg. hohe Bedeutung

LERNTYPEN

Jeder Lernende lernt auf eine für ihn typische Art und Weise. Abhängig von seinen Erfahrungen bevorzugt jeder Mensch die Art der Wissensaufnahme, die für ihn persönlich am effektivsten ist. Die folgenden Lerntypen findet man nur selten in Reinkultur. Fast jeder Mensch ist ein „**Mischtyp**". Es ist immer spannend herauszufinden, in welchem Typ man sich selbst am ehesten wieder findet.

Man unterscheidet grob vier menschliche Lerntypen:

- visuell - Sehtyp
  Vorrangig visuelle Aufnahme, lernt gut durch Lesen und Beobachten.

- auditiv - Hörtyp

  Vorrangig auditive Aufnahme, lernt gut durch Zuhören und durch (innere oder laute) Selbstgespräche.
- kommunikativ - Diskussionstyp

  Vorrangig verbale Verarbeitung, lernt gut durch Gespräche.
- praktisch - Fühltyp

  Vorrangig haptische Aufnahme, lernt gut durch anfassen, spüren, Dinge selbst tun.

Der visuelle Lerntyp - erreicht die besten Lernerfolge durch die Beobachtung von Handlungsabläufen, das Lesen entsprechender Bücher und Schriften sowie durch grafische Darstellungen.

Der auditive Lerntyp - lernt am besten durch Zuhören. Er ist in der Lage mündlichen Erklärungen geistig zu folgen und sie zu verarbeiten. Für ihn sind das Sprechen und das Hören entscheidende Hilfen.

Der kommunikative Lerntyp - gelangt durch Gespräche in Form von Fragen und Antworten zum größten Lernerfolg. Dabei wechseln die Rollen von Fragesteller und Beantworter zwischen Trainer und Lernendem.

Der praktische Lerntyp - gelangt durch praktisches Tun zum geforderten Lernziel. Er lernt z. B. eine manuelle Tätigkeit durch Probieren und Üben richtig, sicher und zeitgerecht auszuführen.

Betriebsbedingte Kündigungen - Folgende Voraussetzungen sind zu prüfen:

1. Ein dringendes betriebliches Bedürfnis, das einer Weiterbeschäftigung des Arbeitnehmers im Betrieb entgegensteht.
2. Die fehlende Möglichkeit der Weiterbeschäftigung an anderer Stelle, ggf. auch zu geänderten Bedingungen.
3. Die korrekte soziale Auswahl.

Soweit die unter 1. und 2. genannten Kriterien erfüllt sind, stellt sich die Frage nach der sozialen Auswahl. Die soziale Auswahl ist immer dann vorzunehmen, wenn aus einer Gruppe vergleichbarer Arbeitnehmer nur ein Teil entlassen wird. Vergleichbar sind Arbeitnehmer immer dann, wenn ihre Arbeitstätigkeiten ohne größere Probleme austauschbar sind. Dies ist nicht gegeben, wenn ein Arbeitnehmer erst nach langwieriger Ausbildung (mehr als 4 Monate) die zum Vergleich herangezogene Tätigkeit ausüben kann.

Für die soziale Auswahl sind nach der aktuellen Gesetzeslage folgende Kriterien zu berücksichtigen:

- Lebensalter
- Dauer der Betriebszugehörigkeit
- Unterhaltsverpflichtungen
- Schwerbehinderung

Der Arbeitgeber hat zunächst anhand des Punktesystems eine Bewertung vorzunehmen und muss dann allerdings eine abschließende nochmalige Bewertung anstellen unter Berücksichtigung etwaiger Sondereffekte, um individuellen Besonderheiten Rechnung zu tragen.

Folgendes Punktschema hat sich bewährt und wurde auch durch das Bundesarbeitsgericht (BAG) bestätigt (BAG, Urteil vom 5.12.2002 - 2 AZR 549/01; EZ1 § 1 KSchG Soziale Auswahl Nr. 43):

<u>Grunddaten für die Auswahl</u>

a) Dauer der Betriebszugehörigkeit

Die aktuelle Beschäftigungszeit und die frühere Beschäftigung bei demselben Arbeitgeber

b) Lebensalter des/der Mitarbeiter/in

Vorruhestand, Altersteilzeitarbeit und Rentenbezugsmöglichkeiten sind zu berücksichtigen

c) Unterhaltsverpflichtungen

Gesetzliche Unterhaltsverpflichtungen/-ansprüche, Verdienst des Ehegatten - insbesondere Doppelverdienst

d) sonstige Gründe

- Arbeitsmarktchancen
- Vermögensverhältnisse bleiben außer Betracht, weil auf der privaten Lebensführung des/der Mitarbeiter/in beruhend und kündigungsrechtlich irrelevant sind
- Gesundheitszustand

Arbeitszeit – Maßnahmen:

1. Teilzeitarbeit - Mit Teilzeitarbeit ist jedes Arbeitsverhältnis gemeint, dessen zeitlicher Umfang unterhalb der betrieblichen Regelarbeitszeit vereinbart wird. Die individualvertragliche Arbeitszeitverkürzung findet ohne Lohnausgleich statt. Nach Wunsch des Beschäftigten und nach dem betrieblichen Bedarf können Lage und Verteilung der Arbeitszeit beliebig gestaltet werden. Zur Förderung von Teilzeitarbeit trat ab 01.01.2001 das Gesetz über Teilzeitarbeit und befristete Arbeitsverträge in Kraft.

2. Jahresarbeitszeit - In dem Modell der Jahresarbeitszeit (auf Voll- oder Teilzeitbasis) wird die Mitarbeiterkapazität an den Arbeitsanfall im Jahresverlauf angepasst. Planungsgrundlage sind betriebliche Analysen des Arbeitsanfalls, durch den ein Teil der Arbeitszeit vorgegeben wird. Spielraum besteht bei Aufgaben, die nicht unmittelbar erledigt werden müssen und durch Tauschmöglichkeiten untereinander. Jahresarbeitszeit kann als Rahmenmodell vereinbart und nach Bedarf in den Abteilungen ausgestaltet werden oder nur für einzelne Abteilungen mit schwankendem Arbeitsanfall bzw. projektbezogener Arbeit gelten.

3. Modulare Arbeitszeit - Die Betriebszeit (Tag, Woche, Monat oder Jahr) wird in Zeitblöcke (Module) aufgeteilt, die sich die Beschäftigten unter Einhaltung der betrieblichen Besetzungsvorgaben beliebig untereinander aufteilen. Die modulare Arbeitszeit ist auf Vollzeit- wie auf Teilzeitbasis möglich. Neben der Betriebszeiterweiterung ist die modulare Arbeitszeit besonders geeignet, die Bereiche bedarfsgerecht zu besetzen, wenn diese nicht zu jeder Tages- und Wochenzeit gleichmäßig besetzt sein sollen.

4. Langzeitkonten / Lebensarbeitzeitkonten - Mit dem Langzeitkonto kann die Arbeitszeit an Schwankungen im Arbeitsanfall, die über die Jahresarbeitszeit hinausgehen, angepasst werden und die Flexibilität über das gesamte Arbeitsleben erhöht werden. Es werden Plusstunden angespart, damit in Lebensphasen, in denen z.B. mehr Zeit für die Familie, Pflege für ältere Angehörige oder für Weiterbildung gebraucht wird, die Arbeitszeit reduziert werden kann, ohne dass das Gehalt weniger wird. Langzeitkonten ermöglichen einen früheren gleitenden Übergang in die Rente

5. Gleitzeit - Bei der Gleitzeitarbeit bestimmen die Beschäftigten ihre tägliche Arbeitszeit nach persönlichen Bedürfnissen und betrieblichen Belangen innerhalb von Gleitzeitspannen selbst. Eine Anwesenheitspflicht besteht während der Kernzeit, die in neueren Modellen ebenfalls entfallen kann. In Form einer variablen Arbeitszeit kann die Mitarbeiterdichte über unterschiedliche Kernzeiten der einzelnen Mitarbeiterinnen und Mitarbeiter gesteuert werden.

Die Begriffe **Outplacement** (engl.) bzw. **Außenvermittlung** bezeichnen eine von Unternehmen finanzierte Dienstleistung für ausscheidende Mitarbeiter, die als professionelle Hilfe zur beruflichen Neuorientierung angeboten wird, bis hin zum Abschluss eines neuen Vertrages oder einer Existenzgründung.

Das Unternehmen vermittelt damit nach innen und nach außen, dass es an fairen Trennungsprozessen interessiert sei. Gelingt dies, so wirkt es sich positiv auf die Motivation verbleibender Mitarbeiter und auf das Erscheinungsbild des Unternehmens in der Öffentlichkeit aus. Das erhöht die Attraktivität im Wettbewerb um Arbeitskräfte. Zugleich vermeidet der Einsatz des Beraters langfristige und teure Rechtsstreitigkeiten. Wenn der entlassene Arbeitnehmer mit Hilfe des Beraters schneller eine neue Anstellung findet, verringert sich außerdem die Restlaufzeit von Verträgen, was die Kosten senkt. Der entlassene Mitarbeiter erhält Unterstützung auf der Suche nach einem neuen Arbeitsplatz. Dies kann die Stellensuche verkürzen und zu neuen Zukunftsperspektiven führen. Die Hilfe reicht von der Zusammenstellung der Bewerbungsunterlagen bis zur Probe von Vorstellungsgesprächen. Der Mitarbeiter verbessert damit seine Erfolgschancen bei Bewerbungen. Außerdem werden emotionale und rechtliche Auseinandersetzungen mit dem alten Arbeitgeber vermieden.

Die Maßnahmen der Personalentwicklung werden gegliedert:

- **into the job** (Berufsausbildung, Anlernausbildung, Trainee-Programme, Einarbeitung, Coaching oder Mentoring
- **on the job** (Training, Unterweisung am Arbeitsplatz, Einsatz von CBT oder WBT oder anderen technikgestützten Lernmöglichkeiten, qualifikationsfördernde Aufgabengestaltung, z. B. Sonderaufgaben, Projektarbeit, Einsatz als Stellvertreter, Coaching oder Mentoring
- **near the job** (Lernstatt, Qualitätszirkel, Gremienarbeit, Projektarbeit)
- **off the job** (externe Bildungsveranstaltungen, Inhouse-Schulungen, Corporate Universities, Aufstiegsausbildung oder -fortbildung, **Selbststudium**
- **out of the job** (Ruhestandsvorbereitung, gleitender Ruhestand. Die Fortbildung mit dem Ziel der Freisetzung wird unter der Aufgabe "Personalfreisetzung" eingeordnet).
- Laufbahnbezogene Personalentwicklung, die eine über den konkreten Arbeitsplatz hinausgehende allgemeine Qualifikation anstrebt, insbesondere durch die auf eine Laufbahn bezogene Aus- und Fortbildung, später durch den systematischen Wechsel des Arbeitsplatzes.

Arbeitsrecht

Begriff: Gesamtheit aller Rechtsregeln, die sich mit der unselbstständigen, abhängigen Arbeit befassen, d.h. der Arbeit, die von Personen geleistet wird, die in einem Betrieb eingegliedert fremdbestimmte Arbeit leisten und dabei an Weisungen hinsichtlich Art, Ausführung, Ort und Zeit der Arbeit gebunden sind.

Arbeitsrecht ist ein bes. Teil der Rechtsordnung. Gegenüber Privatrecht und öffentlichem Recht eigenständig; enthält beides, aber überwiegend Privatrecht.

II. Gliederung:

1. *Individuelles Arbeitsrecht:* Rechtliche Regelung der Beziehungen zwischen Arbeitgeber und –nehmern, z.B. Kündigungsschutzgesetz, Arbeitsplatzschutzgesetz, Berufsbildungsgesetz, Mutterschutzgesetz, Schwerbehindertenrecht (SGBIX).

2. *Kollektives Arbeitsrecht:* Rechtliche Regelung der Beziehungen zwischen den Zusammenschlüssen von Arbeitgebern und -nehmern, und zwar der Beziehungen zwischen Gewerkschaften und Arbeitgeberverbänden (Koalition) oder einzelnen Arbeitgebern sowie zwischen Betriebsräten und Arbeitgebern, bes. das Zustandekommen von Gesamtvereinbarungen, z.B. Tarifvertrag, Betriebsverfassungsgesetz, Rationalisierungsschutzabkommen